AF247892

Contenu de ce volume:

UNA VOLTA PER SEMPRE

La spudoratezza, il cinismo ributtante, coi quali i barattieri della penna hanno, a più riprese, fatto pompa delle loro buone attitudini poliziesche; l'ignobile apostolato di menzogne, d'insinuazioni, di vigliaccherie, colle quali hanno preteso di snaturare e di ricoprire di fango gli atti audaci, inspirati alle più nobili ed alte rivendicazioni, sino al punto di trasformarli, agli occhi del pubblico ingenuo, in rappresaglie brutali e senza scopo d'individui anormali; le insolenze, gli epiteti ingiuriosi, gli aggettivi plateali con cui han creduto d'imbrattare la memoria dei più bei tipi del sacrificio disinteressato, hanno raggiunto recentemente, nell'occasione dell'ultima esplosione di Parigi, il colmo della sfrontatezza.

I mezzi deplorevoli, a cui han dovuto ricorrere per non mancare alle loro tradizioni vergognose, ne mostrano ciò non ostante la debolezza e l'inanità degli argomenti di confutazione del nostro ideale umanitario.

Già per due volte han fatto sconfessare atti attribuiti ad anarchici, da un anarchico, ed han prescelto, forse per produrre sensazione in una certa classe di persone, uno scienziato, Eliseo Reclus.

Il giornalismo vendereccio ed ermafrodita ha cominciato col dire che il nostro compagno è un anarchico teorico, una di quelle anime candide e sognatrici, che, nauseate delle ingiustizie sociali, elaborano fra le pareti del loro studio, una società nuova, d'amore reciproco, in cui le brutture d'oggi non esisteranno più, ma che s'arretrano spaventate e inorridite dinanzi all'opera di demolizione dell'odierno sistema borghese.

Suvvia, imbecilli, non v'accorgete della ridicolezza, che ricade tutta sulle vostre spalle, quando cercate di fare certe distinzioni puerili? Non vedete che il vostro giuoco è mal combinato, che accada a voi come ai pifferi di montagna?

Dove finisce la teoria? dove comincia la pratica? E voi, che con tanta leggerezza qualificate il compagno Reclus per un *teorico*, dimenticate il comunardo del '71, che insieme a tanti altri generosi, affermava *praticamente* sulle *barricate*, il diritto di tutti gli oppressi, di tutti i diseredati, al convito della vita?

In quanto alla lettera statagli attribuita, ecco cosa ci scrive il nostro compagno.

Compagni,

Sèvres, 22 - 11 - 92

Voi mi domandate di smentire una lettera che mi ha attribuita un giornale di Parigi e che la *Tribuna* di Roma ha riprodotta.

Ma, a che pro questa smentita?

O sono anarchico, e credo allora « che il diritto di rivendicazione dello schiavo contro il padrone è eterno », oppure sarei un codardo, indietreggiante dinanzi agli insegnamenti della storia e ai pericoli della lotta, ed allora cosa potrebbe importare la mia opinione?

Sarei un uomo in mare; la nave continuerebbe il suo cammino, senza perder tempo nel ripescamento del cadavere.

Vi saluto cordialmente

ELISEO RECLUS

Siamo stati una settimana senza pubblicare il giornale, perchè quei pochi soldi che disponevamo, ci furono tutti assorbiti dal pagamento dell' opuscolo Primo passo all'anarchia. Riprendiamo la pubblicazione, con una settimana di esperimento sui compagni che di pagare il loro debito, pare, non ne vogliono sapere. Perciò, nelle località dove il nostro giornale verrà a mancare, vorrà dire che chi lo riceveve non ci ha anche pagato.

È chiaro?

5

1re Année. N° 1.   Du 15 au 31 Août 1893.

LA
REVUE ANARCHISTE
Science et Art

*Le concours des Intelligences et des Actes
pour l'intégrale Liberté.*

LE DROIT DE SUFFRAGE

Ce qu'il y a à dire au sujet du vote électoral peut se formuler en quelques mots :

Voter, c'est abdiquer.

Nommer un ou plusieurs maîtres, pour une période courte ou longue, c'est renoncer à sa propre souveraineté.

Qu'il devienne monarque absolu, prince constitutionnel ou simple mandataire, muni d'une petite part de royauté, le candidat que vous portez au trône ou au fauteuil sera votre supérieur.

Vous nommez des hommes qui sont au-dessus des lois puisqu'ils se chargent de les rédiger et que leur mission est de vous faire obéir.

Voter, c'est être dupe.

C'est croire que des hommes comme vous acquerront soudain, au tintement d'une sonnette, la vertu de tout savoir et de tout comprendre. Vos mandataires ayant à légiférer sur toutes choses, des allumettes aux vaisseaux de guerre, de l'échenillage des arbres à l'extermination des peuplades rouges ou noires, il vous semble que leur intelligence grandisse en raison même de l'immensité de la tâche. L'histoire vous enseigne que le contraire aura lieu. Le pouvoir a toujours affolé, le parlotage a toujours abêti. Dans les assemblées souveraines, la médiocrité prévaut fatalement.

Voter, c'est évoquer la trahison.

Sans doute, les votants croient à l'honnêteté de ceux auxquels ils accordent leurs suffrages, et peut-être ont-ils raison le premier jour quand les candidats sont encore dans la ferveur du premier amour. Mais chaque jour a son lendemain. Dès que le milieu change, l'homme change avec lui. Aujourd'hui, le candidat s'incline devant vous et peut-être trop bas ; demain, il se redressera, et peut-être trop haut. Il mendiait des votes, — il vous donnera des ordres. L'ouvrier devenu contre-maître, peut-il rester ce qu'il était avant d'avoir obtenu la faveur du patron ? Le fougueux démocrate ne courbe-t-il pas l'échine quand le banquier daigne l'inviter à son bureau, quand des valets de rois lui font honneur de l'entretenir dans les antichambres ?

L'atmosphère de ces corps législatifs est malsain à respirer; vous envoyez vos mandataires dans un milieu de corruption, ne vous étonnez pas s'ils en sortent corrompus.

N'abdiquez-donc pas !

Ne remettez-donc pas vos destinées à des hommes forcément incapables et à des traîtres futurs.

Ne votez pas !

Au lieu de confier vos intérêts à d'autres, défendez-les vous mêmes ! au lieu de prendre des avocats pour proposer un mode d'action futur,

Agissez !

Les occasions ne manquent pas aux hommes de bon vouloir.

Rejeter sur les autres la responsabilité de sa conduite — c'est manquer de vaillance.

ÉLISÉE RECLUS.

DIGNES PRÉCEPTEURS

Quelle tristesse pour les hommes de cœur de regarder vers l'Espagne, où l'on voit les prisons si remplies, les bourreaux si affairés, les prêtres si joyeux de livrer leurs ennemis au « bras séculier ». On se demande si derrière la foule des tortureurs ne se pressent pas les mânes des inquisiteurs pour se désaltérer dans le sang des victimes. Les vieux instruments de supplice que l'on avait remisés dans les souterrains des prisons et des églises servent de nouveau, et les défenseurs du trône, les souteneurs de l'autel ont la volupté de les utiliser encore pour déchirer les chairs, pour écorcher les peaux humaines.

L'amour du sang a tellement enivré, tellement affolé ces conservateurs espagnols qu'ils acceptent volontiers de perdre leurs colonies de Cuba et des Philippines pourvu qu'avant l'abandon définitif ils aient pu fusiller, massacrer, assassiner des milliers et des milliers d'hommes combattant pour leur liberté.

L'archevêque de Manille fait destituer un général parce que celui-ci n'a pas couché sur le sol assez de cadavres. Et quand le général débarque en Espagne, il proteste : « On m'accuse à tort, on est injuste envers moi ! J'ai pourtant signé cinquante arrêts de mort ! » Pilate se lavait les mains parce qu'il les voulait nettes du sang d'un juste ; Blanco montre les siennes pour qu'on les voie toutes rouges d'un sang innocent. Puis il fait son propre éloge en se déclarant digne d'aller à la Cour faire l'éducation du roi.

Oui, nobles généraux ! vous en êtes vraiment dignes ! vous saurez parfaitement enseigner au souverain, par le précepte et par l'exemple, l'art de ressembler à Philippe II.

ÉLISÉE RECLUS.

ENQUÊTE
SUR L'ANTISÉMITISME
— Suite —

I
Élisée Reclus

L'éminent géographe, l'infatigable apôtre des revendications du prolétariat m'envoie de Bruxelles la lettre suivante :

Mon cher camarade,

Je n'ai écrit aucune brochure sur la question des sémites et des antisémites et ne puis donc rien vous envoyer.

J'ai fait une conférence sur ce sujet, mais sans en rédiger le texte.

Cependant j'aurais mauvaise grâce à ne pas répondre à votre questionnaire et je m'exécute un peu à contre cœur car les questions qui nous sont posées le sont toujours autrement qu'on ne les poserait soi-même :

Tout phénomène social — l'antisémitisme comme les autres — est d'origine très complexe et varie en chaque pays et chaque année.

Actuellement, en France, l'antisémitisme qui nous assourdit est un mouvement très superficiel, sans causes profondes et sans portée, dû presque en entier à la basse envie de candidats distancés dans les concours, de fonctionnaires écartés dans la distribution des places.

Comparés aux chrétiens, les Juifs, à n'en pas douter, leur sont de beaucoup supérieurs par la moyenne de l'instruction ; de même ils l'emportent en solidarité et s'entr'aident davantage *per fas et ne fas.*

Ils ont donc toute chance de mieux réussir dans la carrière des fonctions et des honneurs et tous les ambitieux ratés leur en veulent.

L'Antisémitisme est surtout une rivalité vile, et, d'avance est frappé moralement puisqu'il ne fait appel à aucun principe de justice.

Si la préfectalité israélite provoque le dégoût, bien plus ignominieuse encore est la tourbe de ceux qui hurlent : « A bas les juifs ! » dans l'espérance de les remplacer.

Très naturellement — les salariés et les sans travail se désintéressent de ce mouvement — parce que les détenteurs du capital, maîtres et parasites, se ressemblent tous, qu'ils soient juifs ou chrétiens. Pourquoi changer de patrons s'ils procèdent tous de la même manière à l'égard de leurs ouvriers?

L'argent chrétien, l'argent juif ont la même odeur.

La faim est aussi poignante si elle est imposée par un fils de Japhet que par un fils de Sem; Shylock et Vautour découpent avec la même âpreté dans les corps vivants leur livre de chair humaine.

« Les mesures proposées par les antisémites? » Vous les connaissez : on parle de mort, d'exil, d'internement, de spoliation.

Déjà il y eut des meurtres; il y en aura certainement encore. On a pillé des boutiques, on en pillera d'autres, et sans attendre le bannissement, nombre de juifs s'en vont d'eux-mêmes pour échapper aux insultes. Mais ces faits ne produiront qu'une émotion passagère et la question juive ne détournera que pour un moment les esprits de la grande question qui s'applique à tous, juifs, chrétiens, musulmans ou païens d'origine :

Est-il juste que des hommes meurent de faim?

Est-il juste que des millions et des millions de francs, représentant autant de millions de vies humaines, s'accumulent dans le coffre-fort d'un seul?

Est-il juste que le travail ou la ruine dépendent du caprice d'un milliardaire?

Et puisque ces faits monstrueux se produisent réellement, n'est-il pas juste que les faméliques se révoltent et reprennent de haute lutte ce qui leur appartient : l'avoir social dû au travail de tous?

Je crois que les prétendues haines de race n'arrêtent plus longtemps la société dans l'accomplissement de sa grande œuvre.

Élisée RECLUS.

On voit qu'Elisée Reclus n'a pas cessé d'être un noble esprit et un grand cœur; cela console un peu des Humbert, des Rochefort et autres vieux communards devenus les valets des gouvernants ou de la foule.

HENRI DAGAN.

Réponse à une Enquête littéraire : choix
d'après "Princes des Penseurs" Bruxelles, 27, rue du Lac
21. XI. 98

Monsieur,

[...] vous remercie de votre aimable lettre, j'ai le regret de [...]

Il ne me convient de voter ni dans
le troupeau du public littéraire, ni dans les
rangs des électeurs choisis, les « aristocrates
intellectuels ». S'occuper de l'intronisation
d'un « prince des penseurs » me paraît
être une puérilité ; une honte byzantine
dans une société comme la nôtre, où les
richesses et les idées surabondent, et qui
n'a pas encore résolu le problème du
pain à discrétion, ni celui de la liberté
de la justice pour tous.

Veuillez agréer, monsieur, mes
salutations empressées

Élisée Reclus.

Sempre Avanti : L'Ispirazione. Roma 6 a...
902

SOLIDARIETÁ E PROGRESSO

Si tratti di piccole o di grandi agglomerazioni umane ogni progresso ha le sue origini nella solidarietà, nell'associazione delle forze spontaneamente coordinate.

Selvaggi ancora per atavismo, già semidei per l'ideale noi sappiamo come siasi compiuto il lungo cammino del giorno in cui i nostri remoti avi cannibali uscirono dal loro carnal. Lo storico, giudice che evoca i secoli e li fa sfilare dinnanzi a noi in teorie infinite ci mostra come la legge della lotta cieca e brutale per l'esistenza, tanto vantata dagli adoratori del successo, sia subordinata ad una seconda legge: quella dell'associazione delle individualità deboli in organismi sempre più sviluppati che imparano a difendersi contro le forze nemiche, a conoscere le risorse del loro ambiente a suscitarne delle nuove.

Noi sappiamo che se i nostri figli debbono raggiungere il loro altissimo destino di scienza e di libertà lo dovranno sopratutto al loro avvicinamento sempre più intimo, alla loro incessante collaborazione a quella solidarietà da cui nasce a poco a poco la fratellanza.

E quando, dopo tanti secoli di lavoro per la civiltà, noi udiamo ancora voci cortigiane inneggiare agli *uomini provvidenziali* ed ai *governi forti* come ad educatori dei popoli ci stringe un doloroso senso di vergogna.

La storia si assume il compito di smentire questa teoria di schiavi e ci prova che anche in seno al dispotismo più atroce la vita si è potuta mantenere e trasmettere nel lavoro coordinato di tutti i membri del corpo sociale.

Eliseo Réclus.

Bruxelles, 26, rue Villain XIV

10. 1. 1909.

Monsieur,

Vous me demandez quelques mots sur l'Espagne.
Que vous dire, sinon que mon cœur s'émeut de joie
et de tendresse quand j'entends prononcer son nom.
J'aime ses vieilles cités aux beaux noms sonores; j'aime ses paysages d'un si fier dessin et de si nobles
perspectives, j'aime l'aspect que le pays prend sur
la carte avec ses plateaux et ses cloisons de montagnes
les campagnes verdoyantes de son pourtour et les courbes
superbes de ses golfes se déployant en longs arcs de
cercle, de promontoire à promontoire; j'aime surtout les
habitants, qui n'ont pas d'égaux pour la majesté cordiale
de leur accueil. C'est un des bonheurs de ma vie d'avoir été
reçu par quelques uns d'entre eux comme un frère.

Mais ce qui me gêne, ce qui m'attriste dans
l'histoire de l'Espagne, c'est précisément ce qu'on y ad-
mirait jadis. Je n'aime ni son campeador ni ses
conquistadores. Sa gloire m'est odieuse, comme celle de
la France et de tous les autres pays, car elle est faite d'at-
teintes à la liberté, d'oppressions et de haines, et par
réaction sur le peuple lui-même, elle a été la cause de

avilissement, de sa misère, de sa corruption politique. Ce n'est point une gloire nouvelle qui vous affranchira; l'éloquence de vos orateurs ni les savantes manœuvres de vos partis ne vous feront progresser d'un pas. L'œuvre de rénovation se fera longuement, par le développement individuel des hommes de conscience et par leur association spontanée en ligues de combats.

En tout cas, commencez par vous débarrasser de ce qu'il y a de plus laid dans cette votre régime ~~artificiel~~ actuel. Avant toutes choses, ouvrez les portes du bagne à ceux qui sont sans innocents! Effacez les horreurs de la <u>Mano Negra</u>.

Je compte sur vous, Messieurs, pour que ma lettre soit, ou bien détruite, ou bien reproduite intégralement. Je vous prie de recevoir mes salutations empressées. Élisée Reclus.

CORRESPONDANCE.

Les vagues de fond et les raz de marée.

Cette année, à Biarritz, les vagues de fond ont pris et gardé des victimes humaines, une première fois trois ensemble, et quelques semaines après une quatrième. Ces personnes se promenaient, ou pêchaient, au bord de la mer qui semblait calme; tout à coup une grosse lame s'élève au large, roule, s'approche avec une rapidité plus grande que la course d'un homme, et en se retirant emporte les promeneurs dans les profondeurs du golfe.

Il m'a paru intéressant de connaître sur ce phénomène l'opinion d'un des plus célèbres géographes de notre époque, Élisée Reclus. La voici :

« Voici quelle est la théorie que j'ai été graduellement entraîné à faire relativement aux raz de marée.

« En me promenant au bord de la mer, de même que sur le rivage des lacs, j'ai souvent observé que la vague, en se brisant contre la grève, se divise en deux parties, l'une qui reflue superficiellement à la mer, l'autre qui s'engouffre, cheminant sur le fond, mais gardant toujours une sorte d'individualité, par suite d'une légère différentiation qui s'est produite dans son contact avec la plage : elle contraste avec l'onde ambiante par une certaine température, une composition, une viscosité autres ; elle garde ses contours en refluant au large ; puis, après un certain parcours, — d'ordinaire quelques centaines de mètres, — elle remonte à la surface, en bouillonnant à la façon des sources ; s'allégeant du poids de la nappe surincombante, elle s'étale par ondulations circulaires. C'est là ce que j'ai pu observer maintes fois sur le lac de Genève, où j'avais l'habitude de me promener à la rame.

« Le phénomène est encore bien plus visible sur un lac salé parce que l'écume saline, toujours très visqueuse, se maintient dans les paquets de mer qui refluent sous-marinement et reparaissent à distance.

« Mais ce reflux qui se produit de la plage dans la direction du large peut se produire en sens inverse et en des proportions bien autrement vastes. Figurez-vous un conflit de vents comme il en arrive souvent dans les tournades, ou bien, ce qui revient au même, un conflit de houles, l'une soulevée directement par une tempête, l'autre obéissant à

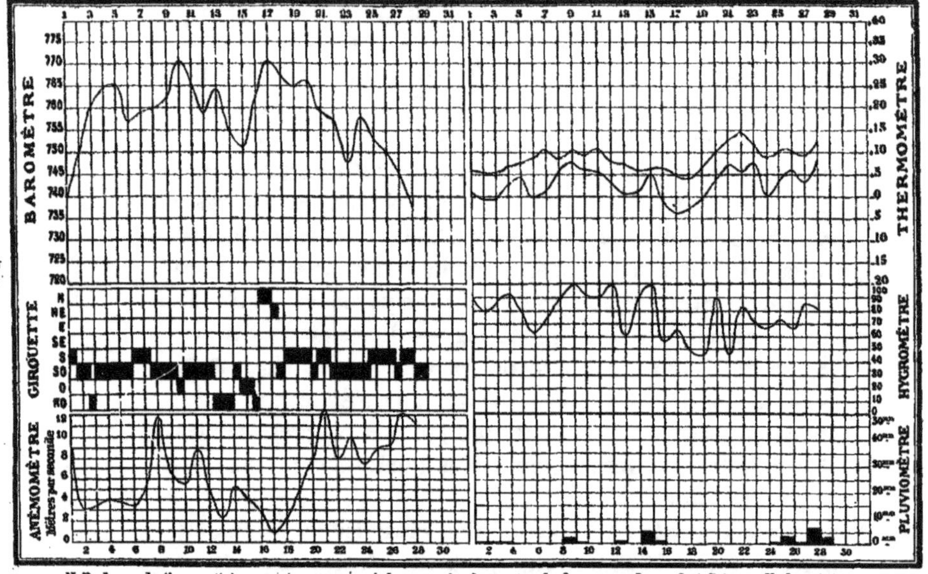

N. B.— La courbe thermométrique supérieure représente la succession des maxima de chaque jour, la courbe inférieure celle des minima.
Ces températures extrêmes sont comptées de midi à midi.

une impulsion reçue la veille. Les vagues s'entrechoquent et s'engouffrent partiellement ; d'énormes « paquets de mer » s'emmagasinent ainsi, se compriment dans les profondeurs, et tôt ou tard reparaissent à la surface, surtout dans le voisinage des écueils et des côtes, où leur masse énorme, ne trouvant plus à cheminer librement, se ralentit et se redresse soudain.

« C'est ainsi que je me figure les choses. Aux océanographes d'observer, de mesurer, de comparer. »

ÉLISÉE RECLUS.

Me sera-t-il permis d'ajouter un mot?

La vague, qui commence faible ou seulement moyenne au large d'un golfe, s'élève de plus en plus quand elle progresse vers le fond de ce golfe, parce que la même masse d'eau se répartit sur un front de bataille de plus en plus étroit. Les voyageurs qui font le petit trajet de Constantinople à Varna, savent que la mer Noire au large étant parfaitement calme, la houle s'accentue quand on s'approche de Varna — au fond d'un golfe en entonnoir — et que le passager, pour sauter de la barque sur l'estacade à étages de Varna, doit se montrer agile et choisir le bon moment.

JEAN CHALON.

El Corsario. Valencia 27 mars 1903

La Ciudad del Buen Acuerdo

¿Cómo unir á los que no desean más que amarse? ¿Cómo juntar las simpatías en una felicidad de efecto recíproco? Al primer golpe de vista el problema parece de solución imposible en este mundo convencional donde reinan las fórmulas, donde todo se mide por una educación hipócrita, donde todo miente, la mirada, el gesto, la sonrisa. Pero no; la obra puede cumplirse, gracias á esos hombres generosos que reunen en una misma empresa los amigos conocidos y desconocidos. Si la amistad engendra la comunidad de esfuerzos exteriores, del mismo modo, por una reacción natural, por un trabajo común emprendido apasionadamente se revela ó se suscita la amistad entre los compañeros de trabajo. Las tentativas de los buenos que excitan todas las iniciativas, todas las energías para trabajar en el bien público son, pues, doblemente buenas, tanto por el objeto directo realizado cuanto por la agrupación de amigos que de otro modo no se hubieran unido jamás: una conciencia colectiva les anima; viven de la misma y la asocian libremente al empleo de sus individualidades diversas.

Muchas de esas obras colectivas, triunfo de los hombres de corazón sobre el egoismo primitivo, nacen bajo múltiples formas; la solidaridad humana hace surgir por todas partes asociaciones en que las iniciativas tienen libre desenvolvimiento, donde los amigos desconocidos tienen la alegría de encontrarse mútuamente. ¿Cuál de esas empresas tendrá más importancia histórica en la evolución de la humanidad? Todas son buenas, toda vez que su impulso moral es perfecto; pero la mejor es indudablemente la que abraza mayor número de intereses humanos y les dá más amplia satisfacción: tal es la «Ciudad del Buen Acuerdo».

Mi mente la contempla, teniendo, sobre la «Ciudad de Dios», la «Ciudad del Sol» y tantas otras ciudades ya soñadas, la ventaja capital de no ser una pura imaginación, sino que se desarrolla de una manera orgánica, que vive una vida concreta, utilizando para renovarlas, las células envejecidas de organismos anteriores ya disueltos. La veo con sus torres y sus miradores extendiendo graciosamente sus jardines y sus mirandas sobre la gran colina donde vivieron los héroes místicos; abajo en la llanura, se agrupan las moradas de las generaciones que pasan, preparando con su trabajo y adquiriendo con sus sufrimientos la promesa infalible de un porvenir mejor. En lontananza se prolongan las alturas hermosas pobladas de floridos arbustos; rocas lejanas del límite del horizonte que surgen del mar, y parece oírse el rumor de las olas que en el infinito de los tiempos pasados aportaron á nuestros ascendientes.

La «Ciudad del Buen Acuerdo» domina ese inmenso espacio, todo ese mundo de poesía y de historia, y con la vista mental la veo resumiendo el sentido íntimo de ese pasado que comprende nuestro presente, abriéndose como una flor maravillosa cuya savia destilan en el suelo infinitas generaciones humanas. El poeta nos habla de la «Ciudad Maldita» ante cuyo umbral el desgraciado pierde toda esperanza. Aquí entramos con alegría, poseídos de noble alegría, con la firme resolución de cumplir grandes cosas. Aquí todos tendrán pan, ese pan que fuera suele conquistarse con inmensas dificultades y vergonzosas humillaciones; todos tendrán la salud que dan el aire puro y el agua abundante traída á raudales de cristalinas fuentes, y disfrutarán de un alimento sencillo regulado por el trabajo. Es esa ciudad todo un microcosmo, resumen y al mismo tiempo esperanza del género humano, que funcionará sin esfuerzo, ocupándose en las múltiples tareas necesarias á la vida, tareas siempre agradables, puesto que serán escogidas libremente. Los artistas decorarán con frescos y esculturas los palacios familiares; la instrucción será mútua en los laboratorios, los museos y los jardines; las doncellas nos cantarán coros de sublimes melodías; los niños rodearán en sus alegres coros á los dichosos ancianos; ninguna ley, ninguna coerción turbará en lo más mínimo el gran acuerdo, la augusta conformidad.

¡Salud y alegría á todos los amigos desconocidos que he encontrado en la ciudad nueva! ¡Salud y alegría á todos los que han de sucederse en ella por los siglos venideros!

ELISEO RECLUS

Le Soir. 30 mars 1928

— *Les vagues de fond et les raz de marée. L'avis de M. Reclus.* — Cette année, à Biarritz, les vagues ont pris et gardé des victimes humaines : une première fois, trois ensemble, et, quelques semaines après, une quatrième. Ces personnes se promenaient ou pêchaient au bord de la mer, qui semblait calme; tout à coup, une grande lame s'élève au large, roule, s'approche avec une rapidité plus grande que la course d'un homme et, en se retirant, emporte les promeneurs dans les profondeurs du golfe.

Il a paru intéressant à M. Jean Chalon de connaître sur ce phénomène l'opinion d'un des plus célèbres géographes de notre époque, M. Elisée Reclus.

« Voici quelle est la théorie que j'ai été graduellement entraîné à me faire relativement aux raz de marée, dit-il.

» En me promenant au bord de la mer, de même que sur les rivages des lacs, j'ai souvent observé que la vague, en se brisant contre la grève, se divise en deux parties, l'une qui reflue superficiellement à la mer, l'autre qui s'engouffre, cheminant sur le fond, mais gardant toujours une sorte d'individualité, par suite d'une légère différenciation qui s'est produite dans le contact avec la plage : elle contraste avec l'onde ambiante par une certaine température, une composition, une viscosité autres; elle garde ses contours en refluant au large; puis, après un certain parcours — d'ordinaire quelques centaines de mètres — elle remonte à la surface, en bouillonnant à la façon des sources; s'allégeant du poids de la nappe surincombante, elle s'étale par ondulations circulaires. C'est là ce que j'ai pu observer maintes fois sur le lac de Genève, où j'avais l'habitude de me promener à la rame.

» Le phénomène est encore bien plus visible sur un lac salé, parce que l'écume saline, toujours très visqueuse, se maintient dans les paquets de mer qui refluent sous-marinement et reparaissent à distance.

» Mais ce reflux qui se produit de la plage dans la direction du large peut se produire en sens inverse et en des proportions bien autrement vastes. Figurez-vous un conflit de vents comme il en arrive souvent dans les tournades, ou bien, ce qui revient au même, un conflit de houles, l'une soulevée directement par une tempête, l'autre obéissant à une impulsion reçue la veille. Les vagues s'entrechoquent et s'engouffrent partiellement ; d'énormes « paquets de mer » s'emmagasinent ainsi, se compriment dans les profondeurs, et tôt ou tard reparaissent à la surface, surtout dans le voisinage des écueils et des côtes, où leur masse énorme, ne trouvant plus à cheminer librement, se ralentit et se redresse soudain.

» C'est ainsi que je me figure les choses. Aux océanographes d'observer, de mesurer, de comparer. »

M. Élisée Reclus présente à la Société
au nom de son ami Mr Paterson et (en son
nom propre) un relief de la Semois, à l'échelle
de 15 000 [illegible] imprimé
directement sur cuivre. Le relief [illegible] métal a
l'avantage [que] les moulages [illegible] (en plâtre) d
peuvent être reproduit à un nombre indéfini d'exemplaires.
L'originalité du procédé de M. Paterson est de
dessiner la carte à imprimer avec des erreurs
[illegible] calculés d'avance, afin que [l'épaisseur] inégal
[illegible] compte de cuivre replace chaque point du relief à sa
[illegible] position véritable.. 1903

[left margin notes:]
d'être d'une manière faits
Journal officiel
de la loc. de G[illegible]

Libertaire 19 oct. 1906

A PROPOS DES SUBSISTANCES

Une lettre d'Elisée Reclus

Il y a toujours danger à venir jeter, dans une discussion sérieuse, des chiffres non contrôlés que les adversaires surpris ne peuvent immédiatement montrer erronés. La brochure de Giroud, très étudiée, très consciencieuse, méritait d'être mieux traitée par certain camarade qu'elle ne l'a été lors de la réunion organisée à la Bourse du Travail par les camarades de la Chambre syndicale des ouvriers graveurs et ciseleurs sur métaux. Ce camarade, s'appuyant sur un article de Reclus critiquant le livre de Giroud dans *la Revue*, a cité des chiffres fantastiques, qui n'ont pas manqué d'impressionner fortement les assistants. Ces chiffres n'ont qu'un tort : ils sont erronés.

Giroud, aussitôt qu'il les a connus, a écrit à Elisée Reclus la lettre suivante, que je fais suivre de la réponse du savant géographe :

Paris, le 4 octobre 1904.

Cher monsieur et maître,

La bienveillante critique que vous avez bien voulu consacrer à mon travail sur la *Population et les subsistances* dans *la Revue*, appelle de ma part une réponse que je désirerais faire connaître aussitôt que possible.

Un de vos arguments, le plus important à mes yeux, porte sur un nombre qui, s'il est juste, anéantit évidemment mes conclusions.

Vous affirmez (page 100 de la *Revue*) que la récolte en céréales, aux Etats-Unis, a été en 1902 de 162,780 tonnes (sic). Vous avez certainement voulu dire 162,780 *milliers de tonnes*.

Je me suis rendu à la Bibliothèque Nationale où j'ai consulté toutes les publications de statistiques agricoles que je puis connaître. Je n'ai trouvé à la vérité aucun chiffre pour 1902, la Bibliothèque ne donnant que les volumes parus jusqu'en 1903, volumes incomplets en ce qui concerne les statistiques pour 1902.

Mais j'ai trouvé des nombres pour 1900 et années précédentes qui permettent d'avancer que ce chiffre de 162,780,000 tonnes de céréales est erroné.

Levasseur donne, d'après le census américain,

dans le tome XIII, page 59, du Bulletin de l'Institut international de statistique les chiffres suivants comme récolte aux Etats-Unis, en tonnes :

Années	Froment	Total des céréales
1891	16.650.000 tonnes	82.880.000 tonnes
1892	14.040.000 —	67.450.000 —
1893	10.780.000 —	69.380.000 —
1894	12.530.000 —	54.950.000 —
1895	12.710.000 —	81.900.000 —
1897	14.430.000 —	73.010.000 —
1898	18.370.000 —	79.710.000 —
1899	14.900.000 —	81.440.000 —
1900	14.810.000 —	81.910.000 —

Ce que je sais de la culture aux Etats-Unis me permet d'avancer qu'en deux années (de 1900 à 1902) la récolte des céréales n'a pu doubler et passer de 81.910.000 tonnes en 1900 à 162,780.000 tonnes en 1902. S'il avait eu lieu, ce phénomène eût été sans précédent dans l'histoire de la production alimentaire et tous les économistes l'auraient signalé.

Il y a donc, pour moi, erreur de chiffres ou plutôt erreur de noms. Veuillez examiner la colonne de la production du froment dans le tableau ci-dessus. Cette production varie pour les 10 années que je cite entre 10 millions de tonnes et 16 millions.

Il est possible qu'en 1902 la récolte du *froment* ait été de 16,278,000 *tonnes* ou de 162 millions 780,000 *quintaux*. Les statistiques officielles ont l'habitude d'enregistrer en *quintaux* les productions alimentaires. Votre chiffre de 162 millions 780,000 *quintaux* s'applique donc au *froment* et non aux céréales.

Si maintenant vous voulez bien comparer mon chiffre de 70,000,000 tonnes de *céréales* pour 1887 vous verrez qu'il est supérieur aux chiffres des récoltes de 1892, 1893, 1894, 1897. Vous verrez aussi que la récolte de 1900 est inférieure de 1 million de tonnes à celle de 1891.

La production n'augmente donc pas avec la rapidité qu'on imagine. Elle a des soubresauts.

Mais ces déductions demandent vérification.

L'objet principal de ma lettre est précisément de vous prier de vouloir bien me mettre à même de faire cette vérification en me donnant la source où a été pris votre nombre.

Si par impossible je me trompais, je le reconnaîtrais immédiatement et j'anéantirais mon travail.

Si au contraire c'est, comme je le crois, vous qui êtes dans l'erreur, je vous demanderais de vouloir bien m'écrire pour rectifier votre chiffre (qui a été produit en réunion publique et n'a pas manqué d'influer sur les auditeurs à cause

(de votre autorité scientifique), et au besoin, en
quelques mots, de le dire aux lecteurs de la
Revue.

Je vous prie de croire, cher monsieur et maître, au respect, etc.

G. GIROUD.

Réponse d'Élisée RECLUS

Bruxelles, le 9 octobre 1904.

Mon cher monsieur,

A mon retour d'un voyage qui a duré longtemps, je ne puis remettre la main sur mon
cahier de notes relatif à la statistique des céréales. Je ne puis donc affirmer que vous avez raison contre moi ; cependant, je dois avouer que
sur le point spécial c'est très probablement moi
qui me trouve dans l'erreur.

Je ne parviens à dénicher qu'une liste générale
de la récolte du froment en Europe et en Amé-
rique, en l'année 1902, liste copiée dans je ne
sais quel journal de commerce. Je recopie cette
liste parce qu'elle vous permettra peut-être de
retrouver l'original :

*Récolte du froment en 1902, la plus forte qui
ait été obtenue jusqu'à maintenant :*

États-Unis	680,000,000	bushels (1)
Russie	510,000,000	—
France	336,000,000	—
Austro-Hongrie	208,000,000	—
Allemagne	130,000,000	—
Italie	116,000,000	—
Espagne	112,000,000	—
Canada	88,000,000	—
Roumanie	84,000,000	—

Bulgarie, Belgique, Portugal, Mexique Argen-
tine, Chili, Brésil, etc.

L'ensemble de la production du froment dans
l'hémisphère du Nord, moins l'Asie et le Mexique, est évaluée à 2,270,200,000 bushels.

En calculant, sauf erreur, quelle est en hectolitres et en poids la récolte évaluée des États-
Unis, la quantité de froment serait donc
177 millions d'hectolitres et de 130,800,000 quintaux, soit 13,680,000 ton. s (2).

Quant à l'engrangement total des céréales aux
États-Unis en 1902, je reconnais que le docu-
ment reproduit par moi devait être fort probablement erroné. *Vous avez donc toute satisfac-
tion à cet égard et nul doute que les statistiques
générales qui paraîtront bientôt, ne vous donnent raison. Je vais moi-même remettre la question à l'étude pour refaire un nouvel article, qui,
je l'espère, ne sera plus entaché d'une grosse
erreur.*

Puisque nous en sommes à la correction des
tableaux statistiques, permettez-moi de vous si-
gnaler votre note de la page 33 sur l'île de Jer-
sey. Il faudrait ajouter que l'horticulture des

insulaires s'applique surtout à la production des primeurs autres que les légumes proprement dits : fruits, tomates, pommes de terre : exportation de près de 20 millions de francs en 1903, fournie presque exclusivement par les produits agricoles (Géographie, 15 sept 1901, p. 170).

En regrettant, mon cher monsieur, la cause de notre correspondance, je vous serre très cordialement la main, désireux de me trouver désormais d'accord avec vous, non sur les idées, mais sur la correcte citation des chiffres.

Elisée RECLUS.

P.-S. — J'allais envoyer cette lettre à la poste lorsque j'ai pensé à consulter une revue américaine, le *National Geographic Magazine*, numéro de juillet 1903, n° 7.

Voici quel est, d'après ce journal, le total des récoltes des Etats-Unis :

Maïs	2,523,048,312	bushels
Froment	670.063.008	— (2)
Avoine	987,842,712	—
Orge	134,934,023	—
Seigle	33,630,592	—
Sarrazin	14,529,770	—
Total	4,364,608,417	bushels

A ajouter les récoltes de millet, sorgho, « egyptian corn », riz et autres.

Ces chiffres confirment les vôtres.

E. R.

Et voilà comme quoi un auditoire peut être influencé par des citations de chiffres ébouriffants... mais faux !

Nous avons le ferme espoir que nos adversaires reproduiront cette lettre de Reclus, qui donne raison à Giroud au point de vue des statistiques des céréales.

E. HUMBERT.

---

(1) Le bushel vaut environ 36 litres 4.

(2) Mais Reclus fait erreur. Le bushel vaut environ 36 litres 4. Un hectolitre de froment pèse en moyenne 77 kilog. : 680.000,000 de bushels donnent 247,520,000 hectolitres et environ 19 millions de tonnes. Ce qui est, en effet, la plus haute récolte constatée aux Etats-Unis.

Petit Bleu, 22 janvier 1905

L'opinion d'un révolutionnaire sur la situation en Russie. — Ses déclarations au « Petit Bleu ».

Nous avons rencontré hier un révolutionnaire d'une notoriété européenne, que ses relations avec les agitateurs et les propagandistes russes mettent mieux à même que personne d'apprécier la situation du côté révolutionnaire, d'autant plus que la lucidité d'un esprit vraiment scientifique le met en garde contre les exagérations où pourrait l'entraîner le radicalisme de ses doctrines.

— La révolution vous paraît-elle imminente en Russie ? avons-nous demandé.

— Assurément. Mais il ne faut pas oublier que les prodromes de la Révolution française ont duré un siècle, et que la Révolution elle-même a duré une dizaine d'années. Il est possible que la transformation sociale du monde moscovite ne se fasse pas plus rapidement, mais elle se fera : c'est inévitable et fatal.

— Mais le peuple russe est-il vraiment mûr pour une révolution ?

— Comment donc ! Il est infiniment plus conscient que ne l'était le peuple français en 1789. Et en un sens, il est plus avancé que ne l'est notre prolétariat occidental, même aujourd'hui, car il y a en lui un vieux fonds de communisme que nous n'avons plus en Occident. Dans beaucoup de provinces, si la révolution se fait, elle se fera en grande partie contre la réforme qui a substitué la propriété privée à la propriété commune, au „mir" de l'ancienne Russie. Ne croyez pas pourtant que ce prolétariat ait rien d'anarchiste. Il est socialiste et démocrate. Il réclame des réformes, mais il ne veut pas la suppression du pouvoir : il veut un pouvoir juste, voilà tout.

— Mais ce mouvement démocratique, n'est-il pas limité à certains centres?...

— Nullement: il est universel. Il a quelque chose de singulièrement grandiose. Tous vont la main dans la main. Voyez le langage des zemstvos! Voyez le langage de certains personnages presque officiels! Des professeurs, des fonctionnaires, des gens comme le prince Troubetzkoï n'hésitent pas à prendre la tête du mouvement, à s'exposer au ressentiment des dirigeants. C'est qu'ils se sentent soutenus par l'immense poussée... c'est-à-dire, le gouvernement, affolé par ses défaites, par les responsabilités qu'il a encourues, n'est plus sûr! Il recule devant l'ennemi. Croyez que les révolutionnaires en profitent. Jamais la propagande n'a été aussi active et aussi féconde.

— N'y a-t-il pas là un danger? Les excès ne sont-ils pas à craindre?

— Nullement. Le temps du terrorisme est passé. Au surplus, les revendications du prolétariat russe sont extrêmement modérées. Elles ne sont que trop modérées. Ils demandent un Parlement! A-t-on jamais vu des grévistes demander un Parlement? Ils demandent un Parlement et la paix. Ce n'est que secondairement, semble-t-il, qu'ils poursuivent les améliorations économiques que réclament nos ouvriers européens. Le seul danger, c'est ce qui reste en Russie de tempérament mystique, ce qui subsiste d'adoration instinctive pour le Tsar, et de résignation religieuse. La présence d'un prêtre à la tête du mouvement est, dans une certaine mesure, dangereuse. Il y a dans le peuple russe d'immenses ressources de bonté, de force et de fécondité, et la prophétie de Nietzsche, qui a dit que ce peuple serait un jour l'arbitre des destinées de l'Europe, pourrait bien se réaliser. La Révolution russe serait pour tous nos pays un grand bienfait. Ce serait d'abord un coup mortel porté à l'Allemagne militariste et impérialiste, car le prolétariat allemand suivrait le prolétariat russe. N'oublions pas que c'est au souverain actuel de l'Allemagne que nous devons le péril jaune. C'est lui qui l'a créé de toutes pièces en commandant, en dirigeant la répression sanglante des troubles boxers. Nous avons maltraité les Asiatiques ; ils ne l'ont pas oublié ; ils accueilleront partout les Japonais comme des libérateurs, et nous tous, Allemands, Anglais, Français et Russes, nous serons un jour chassés de l'Extrême-Orient. Nous l'aurons bien mérité. Port-Arthur est pris par les Jaunes : c'est un symbole. Jamais ils ne le rendront et jamais les Européens ne pourront le reprendre.

RECTIFICATION

*Au moment de mettre sous presse,
nous recevons la rectification suivante :*

Bruxelles, 18 Janvier 1905.

Mon cher ami et compagnon

Je viens de lire dans *L'Insurgé* du
14 janvier un article nécrologique sur
Louise Michel extrait du *Journal* de
Paris, et signé Jean Bernard. Permettez-moi d'en relever quelques passages
qui ne rendent point justice à celle qui
fut notre amie vénérée. D'abord une
ou deux phrases relatives à la Commune me paraissent inexactes au point de
vue historique et moral, mais pa sons :

Voici ce qui nous paraît complètement
erroné et de nature à tromper sur le
caractère et la vie de Louise Michel.

« En fait d'avantages, elle ne récolta
que six mois de prison pour avoir cédé
aux instances d'une troupe de fauteurs
de désordres qui l'entraînent au pillage
de quelques boulangeries. »

« Et le peuple de Paris se dit: Loui-e
Michel ? une brave fille.... Mais c'est
une folle !.... »

« Une folle ? Le mot arrive à Louise
Michel et cette femme qui a bravé les
balles dans la guerre civile, qui a subi
la déportation et qui, tous les jours,
défie la misère, cette femme prend
peur. Il lui semble que déjà la légende
est accréditée et que demain on vien-
dra la prendre pour la conduire au
cabanon. Et elle fuit.... »

Louise Michel n'eut point à céder
aux instances d'une troupe de fauteurs
de désordres qui l'entraînent au pillage

de quelques boulangeries : c'est en plein sentiment de solidarité avec les pauvres qu'elle aida des faméliques à prendre un peu de ce pain auquel ont droit tous ceux qui, ayant faim, refusent de se laisser mourir. Pour elle, les « fauteurs de désordre » étaient ailleurs, parmi les « honnêtes gens. »

Et quels furent ceux qui la qualifièrent de « folle » ? Le *Journal* nous dit que ce fut le « peuple de Paris » ! Ce brave peuple aurait été halluciné à ce point qu'il prit pour « une folle » la femme dévouée qui se dépensait incessamment pour les faibles, les malheureux, les ignora ts ! C'est une injure imméritée. Tous ceux qui ont vécu l'histoire de cette époque savent que le gouvernement voulant à tout prix se débarrasser d'une femme aussi gênante par on héroïsme, et comprenant que l'opinion publique ne permettrait pas une deuxième condamnation de cette noble femme, avait imaginé l'ingénieux échappatoire d'un internement pour cause de folie. La bourgeoisie, perverse et menteuse, eut bien compris cet échappatoire et la presse avilie aurait approuvé, en enguirlandant quelques belles phrases autour du cas intéressant de psychologie. Louise Michel fit échouer la combinaison en émigrant en Angleterre. Ce déplacement avec liberté de propagande lui semblant encore préférable au silence forcé dans un cabanon !

Je vous prie de rétablir la vérité au sujet de notre amie. Ce n'est pas à *L'Insurgé* qu'il convient de maintenir les fausses appréciations de journaux bourgeois injustes jusque dans leur sympathie.

Cordialement,

ELISÉE RECLUS

Les paragraphes que le c. Reclus signale ne nous avaient pas échappé; si nous ne les avons pas relevé, c'est que, ne publiant ces extraits qu'à titre purement documentaire, nous sommes tenus de les publier in extenso — les absurdités qu'ils contiennent y compris.

Notre ami voudra bien reconnaître que s'il nous fallait analyser et discuter les affirmations des journalistes professionnels que nous citons, notre format n'y suffirait pas — malheureusement. Et puis, nous publierons encore d'autres extraits qui permettront de confronter les textes et de dégager la vérité. Au surplus, que nos camarades se rassurent, les calomnies ne portent plus, les erreurs sont d'instinct rectifiées; le peuple nous connaît maintenant, et il connaissait notre Louise Michel, et il savait l'apprécier.

On lui raconte dans certains journaux que Louise Michel était une folle... Ne dit-on pas que nous sommes tous des fous ? — Mais le peuple sait bien que cela n'est pas vrai, et il aime ces fous qui disent la Vérité...

Voilà pourquoi nous n'avons pas rectifié : nous sommes assez compris pour pouvoir dédaigner les insultes, — nous pouvons même les publier car elles ne nuisent plus qu'à leurs auteurs.

Quoiqu'il en soit, nous nous félicitons d'avoir suscité une rectification qui emprunte à son auteur une importance que la nôtre n'aurait pu avoir.

G. THONAR

messieurs

Je n'ai point reçu la brochure annoncée ; toutefois je connais [la question] de la Finlande et j'exprime à cet égard mon opinion d'honnête homme ; la voici :

« Non, il n'est pas permis d'ôter à un peuple l'autonomie politique, morale ou littéraire, qui a observé des siècles [...] la source même de sa vie et le ferment de son progrès. »

Mais appartient-il à une nation de protester quand ce crime s'accomplit ? [...] dit [...] il en est un qui soit juste et qui « puisse jeter la première pierre » n'ayant jamais abusé de sa force contre de plus faibles, ni prosterné son âme devant de plus puissants. Mais je ne vois point dans le monde telle ou telle nation pure de crimes ou de flatteries ; je ne vois à la Russie des trois grandes rivales en [...] ou les complices, ou les deux à la fois. Comme

Si ce n'est aux victimes elles-mêmes, aux Finlandais, privés de leur autonomie politique, morale et littéraire, [...] que ceux [...] hommes vraiment justes, envers et contre tous, — tel le noble Tolstoï, — c'est à ces hommes seulement qu'appartiendrait le droit de protester contre les agissements du tsar et de tous les Bobrikov [...] leur la malheureuse Finlande. Seul celui qui ne pourrait [...] ouvre son prochain) le droit de se lever contre [...] ou de protester au nom du droit [...] [...] toute personne humaine de [...] [...] l'initiative personnelle, les moyens de sa [...] et de [...] un égal et un [...] en face de tous

Zur chinesischen Frage.

Von Professor Elisée Reclus.

Man hat bis vor kurzem von der militärischen Eroberung Chinas durch fremde Soldaten gesprochen; jetzt aber spricht man von der geistigen Eroberung des Reichs der Mitte durch die Japaner. Im Grunde jedoch macht diese mögliche Japanisierung wenig aus, China bliebe nicht weniger China durch die Sitten und den Charakter seiner Bewohner. Wie das von spanischen Königen, von deutschen und österreichischen Kaisern und von französischen Armeen der Republik und des Kaiserreichs beherrschte Italien keineswegs aufgehört hatte, durch sein Gebiet ein genau abgegrenzter „geographischer Begriff" und durch seine Bevölkerung ein bestimmt charakterisierter „Volksbegriff" zu sein, so überwand auch China bisher alle Invasionen — allerdings nicht, ohne davon verändert zu werden — aber ohne an seinem Volkstum irgendwie Schaden zu leiden. Es besitzt jene unbesiegbare Stärke, die aus der Geduld entspringt, und schließlich gibt die Zeit ihm recht. Selbst außerhalb Chinas, da wo sich chinesische Kolonien ansässig gemacht haben, halten sie sich abgeschlossen für sich inmitten fremder Völker und suchen sich stets in einem getrennten Stadtteil oder sogar in einer eigenen Stadt von den andern abzusondern. So haben sich die Chinesen bei Saigon, der französischen Hauptstadt von Cochinchina, die Hütten, Häuschen und Baracken von Cholon, ihrer eigenen Stadt, gebaut, die ein von Dschunken und Nachen wimmelndes Netz von natürlichen Wasserläufen und Kanälen durchschneidet. Dort sind sie wirklich zu Hause und fühlen sich jedenfalls sicherer als ihre Nachbarn, die französischen Beamten und Soldaten, in Saigon.

Uebrigens ist die wunderbare Widerstandskraft, die die Chinesen im Ausland allen Assimilierungsversuchen entgegensetzen, eine so wohlbekannte Tatsache, daß man darin einen Hauptgrund für die Hindernisse erblicken muß, die man ihrer Niederlassung in den Vereinigten Staaten und in Australien entgegensetzt. Man fürchtet, daß die Solidarität ihrer Bestrebungen und Interessen ihnen im Wettbewerb der Völker ein zu starkes Uebergewicht geben könnte. Gerade die scheinbare Schwäche ist es, die die Stärke Chinas ausmacht. Es besitzt nicht den politischen Zusammenhalt, der aus der Einheit der Gewalt und aus einer straffen Zentralisation kommt; vielmehr ist jede der zahllosen Zellen, die das ganze China ausmachen, einander durchaus ähnlich in ihrer Moral, ihren Bestrebungen und ihrem Leben. Jede Familiengruppe denkt in der gleichen Art, hat das gleiche Ideal und setzt jedem Wechsel den gleichen Widerstand entgegen. Was schadet es, daß das Schiff an dem oder jenem Punkt seines Kiels leck ist, wenn nur alle Schotten dicht sind? Besonders die alten chinesischen Familien haben noch, was das Ausland anbetrifft, ihre alten besonderen Anschauungen bewahrt.

In den Augen dieser konservativen Philosophen sind die Fremden, von denen sie umgeben werden, nicht notwendigerweise „Barbaren", wie es für die Griechen jene Völker waren, die außerhalb ihres hellenischen Mikrokosmos lebten! Die Chinesen sehen in den fremden Menschen, die noch nicht die Grundlagen begriffen haben, auf denen das „Reich der Mitte" ruht. Folglich ist es die Pflicht der Chinesen, ihre Nachbarn durch Wort und Beispiel zum richtigen Verständnis der Dinge zu führen. Es ist gar nicht erstaunlich, daß der Chinese durch diese einheitliche Theorie (Klai-jin tsiung-ti) geleitet, nicht wie der Europäer den Begriff „Vaterland" kennt, und daß er in seiner Sprache nicht einmal ein Wort besitzt, um diesen Begriff auszudrücken. Das wahre Vaterland ist für ihn die ganze Welt, in die man gesetzt ist, um — wie er selbst es tut — der normalen Aufbau von Familie und Staat zu bilden.

Dennoch kann man in Anbetracht der immer wachsenden Beweglichkeit der Individuen und der daraus folgenden Erschütterung, ja Zerstörung der Familie den Völkern des äußersten Ostens eine viel tiefergehende gesellschaftliche und politische Revolution prophezeien, als es die Umwälzungen im westlichen Europa waren, die seit Jahrhunderten durch alltägliche Veränderungen herbeigeführt worden sind. Die Zivilisation Chinas und der Länder, die von ihm geistig abhängig sind, ruht völlig wie auf einem Eckstein auf der Einheit der Familie, die das Objekt eines intensiven Kultes ist. Wie die Familie die Religion des Chinesen ist, so ist sie auch das Grundwesen seiner Politik. Die Gemeinde ist einfach ein Bund von Familien, wie der Staat einen Bund von Gemeinden bildet. Daher stammt auch jene wunderbare Widerstandskraft, die die östliche Zivilisation den Angriffen der Neuerer, dem Ansturm der von Westen kommenden Missionare, Kaufleute und Eroberer entgegensetzt. Und doch wird diese Widerstandskraft in verschiedenen Punkten erlahmen, da sie nicht jenen neuen Bedingungen angepaßt ist, die ihr durch die Verhältnisse gestellt werden.

Es ist sicher, daß die chinesische Zivilisation sich teilweise überlebt hat, und daß das Volk sich in einem Zustand des Niedergangs befindet. Dieser Niedergang ist nicht am wenigsten dem ungeheuren Netz abergläubischer Gebräuche zuzuschreiben, mit dem sich die „Kinder Han's" umgeben haben, und das im Lauf der Zeiten unaufhörlich gewachsen ist. Der Chinese hat nicht die geistige Freiheit des Menschen, der voll Selbstvertrauen ist, und dem das Schaffen Freude macht. Er steckt in diesen Gebräuchen wie die Puppe im Kokon. Er wagt nicht frei zu handeln, jede Unternehmung muß durch einen Zeichendeuter oder Wahrsager geregelt werden; er läßt sich durch Punktierkunst, Totenbeschwörung und tausend andere flüchtige Zeichen in Luft und Wasser leiten. Die chinesischen Freigeister sind nur scheinbar frei; während sie die Aufgeklärten spielen, hüten sie sich sorgsam, irgend etwas zu unternehmen, sobald die Vorzeichen für Zeit, Ort oder Gesellschaft ungünstig sind. Darin liegt auch der Grund, warum Chinesen häufig zu Verabredungen nicht erscheinen; sie sind sehr betrübt darüber und entschuldigen sich eindringlich, aber das Schicksal selbst hatte ihnen verboten, ihr Wort zu halten; sie konnten nicht in ein Unglück laufen, das ihnen gewiß war.

Die Reisenden, die die chinesischen Sitten studiert haben, sprechen meist mit Verwunderung von dem

Aberglauben der Eingeborenen, als ob die große Menge der Europäer nicht auf dem gleichen Standpunkt stände oder sich wenigstens nur zum Teil von den gleichen Halluzinationen und den gleichen Gebräuchen losgemacht hätte. Der Hauptunterschied zwischen dem Aberglauben des Abend- und des Morgenlands ist der, daß der chinesische sozusagen „nach" ist. Der Charakter ist verschieden, aber der Europäer sowohl wie der Chinese überläßt sich gern der Furcht, und wenn er aufhört vernünftig zu denken, nimmt er seine Zuflucht zu allen möglichen Mitteln, um sich gegen das Unglück zu schützen.

Ein anderer kleiner Unterschied zwischen dem östlichen und dem westlichen Aberglauben besteht darin, daß der der Chinesen mehr mit der Natur zusammenhängt und weniger animistisch ist als der europäische. Die Erscheinungen, die in der christlichen Mythologie eine so große Rolle spielen, sei es als Teufel, sei es als Geister Abgeschiedener, Vampire oder Werwölfe, sind in China weniger gefürchtet, wahrscheinlich weil der Ahnenkultus, der mit großer Sorgfalt gepflegt wird, dem Land Beruhigung schafft. Die Ahnen können sich nicht über ihre Söhne beklagen, die für vollkommen eingerichtete Grabmäler und reiche Opfergaben Sorge tragen. Aber die Mächte der Erde, immer geheimnisvoll und schrecklich, können oft beleidigt werden, ohne daß der Mensch, der diesen Mächten so schwach gegenübersteht, weiß, was er verbrochen hat. Daher stammen jene kostspieligen Zeremonien häufiger Gebete und Gebräuche verschiedenster Art, für die man nicht Priester im eigentlichen Sinn des Worts in Anspruch nimmt, sondern Leute, die aus dem Erdreich und dem Wasser wahrsagen, Sterndeuter und tausend mehr oder weniger aufrichtige Scharlatane. Die beiden großen Fetische, die man auf jeden Fall beschwören muß, sind der „Fengschui", das heißt „Luft und Wasser", der Inbegriff all dessen, was uns umgibt, und der große Drachen, mit andern Worten die lebendige Erde mit allem, was sich auf ihrer Oberfläche und in ihren Tiefen regt. Um in Harmonie mit diesen Kräften zu leben, um all diese besonderen Manifestationen, all jene Aeußerungen des eigenen Lebens mit den Erscheinungen der Natur in Einklang zu bringen, bedarf es aller Wissenschaften, und die besitzt der Chinese ebensowenig wie andere Leute; er hat nur die Empirie, die sich mehr oder weniger auf eine gewisse Tatsachenerfahrung gründet.

Schriftsteller haben die Meinung ausgesprochen, daß abendländisches Denken und Fühlen mit dem chinesischen unvereinbar seien: jede scheinbare Uebereinstimmung wäre nur ein Mißverständnis, da die Worte selbst von Sprache zu Sprache unübersetzbar seien. Zum Teil ist das wahr, aber nur für eine gewisse Zeit. Zwischen allen Völkern, unter allen Gemeinschaften wird die gegenseitige Verständigung, die sich zuerst schwierig, unvollständig und lückenhaft gestaltet, schließlich vollständig, abgesehen von einzelnen Ausnahmen. In dem Maß, wie die Berührungspunkte sich mehren, wächst die gegenseitige Verständigung: einer versteht den andern nicht nur durch den Gedanken, sondern schon durch das Gefühl. Allerdings muß Sympathie vorhanden sein, gegenseitige Anziehung. Der Kaufmann, der bei seinen Geschäften mit den Eingeborenen nur die Taels sieht, die zu gewinnen sind, der Missionar, der sich damit begnügt, Sterbende zu taufen, der Soldat, der durch das Durchbohren von Chinesenleibern sich eine Auszeichnung erwirbt, sie alle tun nichts, was zum gegenseitigen Verständnis zwischen Abend- und Morgenland anbahnen und zur Verschmelzung des Geistes zu einer höheren, wahrhaft humanen Anschauung beitragen könnte. Die europäische Industrie aber, die China erobert, wird schon viel mehr dazu beitragen, eine Vereinigung herbeizuführen; denn chinesische Arbeiter sind es, denen Unterhalt und Bedienung all jener revolutionären Werkzeuge anvertraut sind, die man Dampfschiffe, Lokomotiven und Dynamos nennt. Mehr noch wird die Wissenschaft tun, jene wahre Wissenschaft, die beobachtet, experimentiert und vergleicht und immer mehr in die chinesischen Schulen dringt. Die Geographen der „Blume der Mitte" verzichten schon jetzt darauf, zu glauben, daß China allein fast die ganze bewohnbare Welt einnehme, und daß die „Rothaare" darin nur die Winkel bewohnen. Alle, die studieren, wechseln ihre Gedankenrichtung und die Weite ihres Horizonts; den Werken des Konfuzius und anderer Moralphilosophen fügen sie das Studium der Volkswirtschaft und der Resultate der modernen Wissenschaft des Abendlandes hinzu.

Sie gehen sogar daran, ihre ärztliche Kunst zu reformieren, obgleich ihnen die europäische Medizin für sehr viele Krankheiten noch keine sicheren Heilmethoden bringt. Alles wechselt und verändert sich; die Musik unserer europäischen Künstler, für die man die Chinesen vollkommen unzugänglich glaubte, hat endlich über den chinesischen Atavismus gesiegt, und Kanton, Schanghai und Futschou billigen schon, woran sie sehr klug tun, die „Musik der Zukunft".

Wilde Rosen.

Lettre à M. Thieullen 1904

Je crois utile de transcrire ici, *in extenso*, la lettre que m'a adressée de Bruxelles le professeur Élisée Reclus :

« *Je vous remercie, Monsieur, de l'envoi de votre ouvrage, Les Véritables instruments usuels de l'âge de la pierre.*

« *Cet ouvrage m'a beaucoup intéressé ; quoique, en qualité de profane, je doive m'abstenir d'affirmations téméraires, je suis tout disposé à croire que dans les âges inconnus la population fut beaucoup plus dense qu'on ne se l'imagine d'ordinaire. Plus s'accroissent les recherches, et plus on constate les traces de l'ancienne humanité ; et comme géographe, j'ai été très frappé de ce fait, que partout où se sont présentés les premiers explorateurs et navigateurs, les continents, les archipels et les îles étaient peuplés, à l'exception des roches vraiment inhabitables à cause de l'isolement et du froid.*

« *Il me semble aussi que vous avez absolument raison en affirmant que les pierres de luxe, ou même de simple apparat, ont dû être toujours relativement rares et précédées par d'innombrables objets usuels, comparables à nos aiguilles, nos épingles et nos clous, et s'accumulant dans le sol, quand le tranchant ou la pointe en étaient émoussés.* »

RECLUS (Jean-Jacques-Elisée).
-Articles divers et Lettres,manuscrites ou imprimées, ·1892-1905 / Elisée Reclus.-
S.l.,s.d.-32 f. ; 24 cm.   [8° Z. 20307
Dossier de coupures de revues et de manuscrits rassemblés par Mme Louise Reclus-
Dumesnil,soeur de l'auteur.-Don 154886.

f.2-4   [1] : Una volta per sempre : article anonyme,Londra,23.XI.1892 s'indignant de voir
        Elisée Reclus traité d'anarchiste purement théoricien avec la Réponse d'Eli-
        sée Reclus,en italien,datée de Sèvres,22.XI.1892.-3 col.
        Sans mention de référence.

f.5   [2] : Le Droit de suffrage.-2 p.
        Extr. de :"La Revue anarchiste": science et art,Paris,1ère année,n° 1,1893.

f.6   [3] : Dignes précepteurs : (sur l'Espagne).-1 col.
        Extr. de : "L'Incorruptible",Paris,2.II.1897.

f.7-9   [4] : Enquête sur l'antisémitisme : réponse d'Elisée Reclus.-3 col.
        Extr. de : "Les Droits de l'homme",Paris,22 avril 1898.

f.10   [5] : Lettre ms de la main d'Elisée Reclus,datée de Bruxelles,27,rue du Lac,21.XI.
        1898,avec une note de la main de Mme Dumesnil : Réponse à une enquête litté-
        raire : choix d'un prince des prosateurs.-1 p.

f.11   [6] : Solidarietà e progresso.-1 col.
        Extr. de : "L'Agitazione",Rome,4.IV.1902.

f.12   [7] : Lettre manuscrite non autographe sur l'Espagne,datée de Bruxelles,26,rue Vil-
        lain XIV,10.I.1903.-2 p.

f.13-15 [8] : Les Vagues de fond et les raz de marée; avec un complément de Jean Chalon et
        des observations de l'Observatoire d'Uccle,février 1903.-P.31-33 : ill.
        Extr. de "Ciel et terre" Bruxelles   16.III.1903.

f.16-17 [9] : La Ciudad del Buen Acuerdo.-2 col.
        Extr. de : "El Corsario",Valencia,27.III.1903.

f.18   [10] : Les Vagues de fond et les raz de marée.-1 col.
        Extr. de : "Le Soir",Bruxelles,30.III.1903.-Même article que le n° 8,sans ill.
        ni complément.

f.19   [11] :Note ms de la main d'Elisée Reclus sur un relief de la Semois imprimé direc-
        tement sur cuivre par Emile Patesson,présenté à la Soicété de géographie de
        Paris en juin 1903.-2 p.

f.20-23 [12] :A propos des subsistances : lettre impr. de Gabriel Giroud à Elisée Reclus
        datée de Paris,4.X.1904,suivie de la R é p o n s e d'Elisée Reclus datée
        de Bruxelles,9.X.1904.-4 col.
        Extr. du "Libertaire",Paris,17.X.1904.

f.24-26 [13] : L'Opinion d'un révolutionnaire sur la situation en Russie : ses déclarations
        au Petit Bleu.-3 col.
        Extr. du "Petit Bleu",Paris,22.I.1905.

f.30   [14] : Rectification : L e t t r e impr. sur Louise Michel,datée de Bruxelles,18.I.
        1905 avec la Réponse de Georges Thonar.-3 col.
        Extr. de "L'Insurgé",Liége,Belgique, 18.I.1905.

f.31   [15] : Brouillon de lettre ms de la main d'Elisée Reclus sur la question de la
        Finlande.-S.d.-1 p.

f.31   [16] : Zur chinesischen Frage.-P.1111-1112.
        Extr. de : "Die Woche",Berlin,Nr 26,VII 1905.

f.32   [17] : Lettre,imprimée,datée de Bruxelles,1904,à M.Adrien Thieullen sur son ouvrage:Les
        Véritables instruments usuels de l'âge de la pierre. Paris,1897.- 1 p.
        Sans mention de référence.